仏事Ｑ＆Ａ
浄土真宗本願寺派

前田壽雄

国書刊行会

はじめに

本書は、東京の築地本願寺を訪れた人びとの仏事に関する問いを集め、僧侶の立場からなるべくわかりやすく、その要点をお答えすることを目的としてまとめたものです。それぞれの問いに対し、答えを見開き二ページで完結するようにしています。

寄せられた問いは、初めてお寺に参拝した際の質問や多くの人びとが共有する疑問、すでにお寺に所属していて門信徒として活動されている方の知っているようで知らないこと、いまさら聞けないと思われている問いなどさまざまです。その内容から「お寺を訪ねて」「日本の歳時記とお寺の年中行事」「葬儀をご縁として」「法事・お盆を迎えて」「門信徒としての心得」「み教えをいただいて」の六章に整理しました。

仏事はかたちを伴うものですが、かたちは作法やしきたりにとどまらず、浄土真宗のみ教えに裏づけられた意味があります。仏事を通して、浄土真宗を知っていただき、身近に感じていただければと思います。

仏事Q&A　浄土真宗本願寺派◈目次

二　日本の歳時記とお寺の年中行事

三　葬儀をご縁として

四　法事・お盆を迎えて

五　門信徒としての心得

六　み教えをいただいて

一　お寺を訪ねて

Q.1

浄土真宗のご本尊《ほんぞん》は何ですか？

浄土真宗のお寺にご安置《あんち》している仏さま（ご本尊）は、阿弥陀如来《あみだにょらい》です。

阿弥陀如来は、はかり知れない光（無量光《むりょうこう》）と、はかり知れない永遠のいのち（無量寿《むりょうじゅ》）をそなえられた仏さまです。すべてを照らす光と大いなるいのちが、願いをこめて私たちにはたらきかけられています。

阿弥陀如来は、法蔵《ほうぞう》という名の修行者（菩薩）であったときに、「必ず一切のいのちを救う、そうでなければ仏に成らない」という願いをおこされました。なぜ、この願いをおこされたのでしょうか。それはここに苦しみ悩み傷つけあう私たちがいるからです。

私たちは自らの力では決して苦しみから逃れ、迷いの世界を脱け出すことはできません。そのような私たちを救うために法蔵菩薩は願いをおこされたのです。この願いが完成（成就）して、法蔵菩薩は阿弥陀如来になられました。

ご本尊は、阿弥陀如来のはたらきを「形」として表現されたものです。絵像や「南無阿弥陀仏《なもあみだぶつ》」の六字の名号本尊《みようごうほんぞん》も同じことを意味しています。

Q.2 ご本尊の前で、何と称《とな》えればよいのですか？

「南無阿弥陀仏《なもあみだぶつ》」と称えます。それは「ナンマンダブ」「ナマンダブツ」などでも同じです。「南無阿弥陀仏」を称えることは、阿弥陀如来の名を称えるという意味で、これを称名《しょうみょう》（称名念仏）といいます。

浄土真宗では、阿弥陀如来と私たちの関係を考えるとき、阿弥陀如来を「親」に、私たちを「子」にたとえることがあります。親は子どもが遠く離れたところにいたとしても、いつも子どものことを心配しています。また、親は子どもから「どうか私を育ててください」と頼まれなくても、子育てをします。このような親子の関係と同じように、阿弥陀如来は常に私たちを心配し、「必ず救う、私（阿弥陀如来）にまかせなさい」とよびかけておられます。

そのよび声は、私たちが阿弥陀如来に対して、「どうか助けてください」とお願いしなくてもはたらきかけてくださるものです。そして称名は、この阿弥陀如来のはたらきかけに対する、「おまかせします」という返事なのです。

Q.3

念仏すればご利益《りやく》があるのですか？

毎年、正月三が日の初詣参拝者数が話題となります。大勢の人が神社へ参拝に行き、お守りや破魔矢、熊手などを買ったり、絵馬に願い事を書いたりして、今年がよい年であるように祈ったりします。初詣へ行く理由は、「ご利益がある」ことを期待しているからでありましょう。

ところで、ご利益が「ある」「ない」とは、どのような状態を言うのでしょうか。「ご利益がある」とは、自分が願った内容の通りに実現するということであり、反対に「ご利益がない」とは、自分が願った通りにはならないことと考えられます。つまり、ご利益の有無とは、自分の都合によって判断しているのが真相です。これと同じような基準で、念仏を称《とな》えることで、ご利益があると考えるのは、念仏を自分の都合のよい手段としてとらえているのです。

しかし、親鸞聖人は本当の利益（真実《しんじつ》の利《り》）とは、自己中心的な見方から生まれるのではなく、阿弥陀如来の願いそのものであると説かれています。阿弥陀如来の願いは、自己中心の心から抜け出すことのできない者を救うことに向けられています。お念仏を申す（称える）身になると、いまここで阿弥陀如来に抱かれ、護《まも》られるという利益に恵まれるのです。浄土真宗のお寺へ参拝することで、この阿弥陀如来の願いに気づかせていただきましょう。

Q.4 浄土真宗のお寺には、お守りはないのですか？

お守りは多くの寺社で参詣者に販売や授与されているので、浄土真宗のお寺でも取り扱っていると考えている方もいらっしゃることでしょう。しかし浄土真宗のお寺では、お守りを扱うことはありません。浄土真宗の宗祖親鸞聖人は、「現世祈禱にたよらない」という教えを説かれているからです。お守りには、商売繁盛、家内安全、無病息災、恋愛や学業の成就、合格祈願、交通安全など、さまざまなものがあります。「よいことがあるように」、あるいは「悪いことがおきないように」といった願いが込められています。

しかしよく考えてみますと、私たちの願いは、自分自身の欲望を満足させることにつながっています。私たちの欲望は尽きることがありませんので、願いがどれだけ叶ったとしても満足することはなく、逆に願いが叶わなければ、「これほど祈っているのに」と、ますます苦しむことになります。

このような欲望の心を持ち合わせている私たちこそ救わずにおられないと願われているのが、阿弥陀如来です。願うのではなく「阿弥陀如来に願われている」、お守りに頼るのではなく「阿弥陀如来に護《まも》られている」という教えが浄土真宗なのです。

Q.5 浄土真宗のお寺に、「御朱印」がないのはどうしてですか？

最近、お寺にお参りに来られる方の中に、御朱印帳を用意され、参拝した証として御朱印をいただこうとする方を見かけることがあります。さまざまなお寺をお参りすることもご縁になりますが、大切なことはそこでどのような教えに出《で》あうかということです。

御朱印は、もともとお寺や神社に写経を納める際の受取証であり、江戸時代に盛んになったと考えられています。経文を写してお寺に納めること（納経）は、追善供養《ついぜんくよう》のために行われるものです。追善供養とは、自分が積み重ねた善事を他者（亡き方）へふり向ける行為をいいます。

しかし、私たちは自分の力によってどれだけ功徳《くどく》を積み重ねようとしても、他者を救うすべを持ち合わせていません。また自分で自分を救うことのできない、愚かで無力な存在です。このような愚かな私たちに、すでに阿弥陀如来は救いの手を差し伸べておられます。浄土真宗は、阿弥陀如来のはたらきにおまかせする教えです。ですから、追善供養の必要がなく、浄土真宗のお寺が御朱印を発行することもありません。

Q.6 浄土真宗には修行はないのですか？

仏教は仏に成るために修行するものと思っている方が多いのではないでしょうか。しかし浄土真宗では、仏教一般で言うところの修行をする必要はありません。なぜならば、私たちはさまざまな欲や怒りなどを持ち合わせているため、常に清らかな心やまことの心ではいられないからです。そのためいかなる修行にもたえることができず、これを完成させることはできないのです。

このことをすでに阿弥陀如来は見通されていて、私たちを救って仏さまに成らせるために修行をしてくださいました。しかもその修行は並大抵のものではなく、ほんの一瞬の間も清らかでなかったことも、まことの心でなかったこともありませんでした。

このように阿弥陀如来は、清らかで、まことの心をもって修行を完成され、「南無阿弥陀仏《なもあみだぶつ》」の中に、私たちを救うためのあらゆるはたらきを込められ、私たちに与えられました。

したがって、親鸞聖人は浄土真宗の行とは、阿弥陀如来から恵み与えられた「南無阿弥陀仏」のお念仏であるとされ、これを「まことの行（浄土真実《じょうどしんじつ》の行《ぎょう》）」であると述べられています。

また浄土真宗では、知識や年齢、性別、職業などの条件を問題とすることはありません。阿弥陀如来の前ではみな平等であり、共に救われていく道こそ「南無阿弥陀仏」のお念仏なのです。

Q.7 浄土真宗では『般若心経』を読まないのですか？

短いお経であることや、知っているという理由から、仏前で『般若心経』を読んでいる（読誦《どくじゅ》している）方もおられるでしょう。そのような方にも考えてほしいことがあります。それは読誦しているお経に、自分にふさわしい教えが説かれているかどうかということです。

『般若心経』は、くわしくは『般若波羅蜜多心経《はんにゃはらみったしんぎょう》』といいます。「般若」はすべてのものの真実の姿を明らかにする智慧《ちえ》を、「波羅蜜多」は完成を意味します。また「波羅蜜多」はこの世界からさとりの世界（彼岸《ひがん》）へ到ることと理解されてきました。つまり『般若心経』

には、さとりの世界へ到るための智慧の完成の修行が説かれているのです。

しかし、『般若心経』は自分の力（自力）のみによって、さとりを開く道を説くため、阿弥陀如来による救い（他力）は述べられていません。貪《むさぼ》りや怒り、愚かさなどによって絶えず心身を悩ませている者にとって、『般若心経』を読んでも智慧を身につけることは容易ではありません。そのような者にこそ、阿弥陀如来は救いの手を差し伸べておられます。したがって、浄土真宗では『般若心経』を読む必要はなく、「南無阿弥陀仏」のお念仏一つなのです。

Q.8 浄土宗と浄土真宗の念仏には違いがあるのですか?

浄土宗も浄土真宗も念仏を称《とな》えることによって、浄土に往生する教えです。なぜ念仏なのかと言えば、念仏はすべてのものを救おうとする阿弥陀如来の願い(本願《ほんがん》)に誓われた唯一の行だからです。しかし、浄土宗と浄土真宗では念仏に対する考え方に違いがあります。

浄土宗(鎮西派《ちんぜいは》)では、この本願の文にある「十念《じゅうねん》」に注目して、念仏を十回称えることとしています。また浄土宗では、私が念仏を称えることによって阿弥陀如来に救われることを説き、多くの念仏を称えるよう励むようにします。

一方、浄土真宗では、念仏を称えた数や私の力は問題になりません。なぜならば、私が称える念仏とは、阿弥陀如来のはたらきそのものと考えるからです。親鸞聖人は阿弥陀如来が、苦しみ悩み傷つけあう私たちを救おうと願われ、浄土に往生するためのすべてを「南無阿弥陀仏《なもあみだぶつ》」の名号《みようごう》に込めて、私たちにこれを与えようとはたらいていると説かれました。阿弥陀如来は一声、一声の念仏となって、私たちを「必ず救う」と、はたらきつづけられています。私たちのお念仏は、尊い阿弥陀如来の声なのです。

Q.9 西本願寺と東本願寺がある理由は何ですか？

本願寺は、京都東山大谷に親鸞聖人の廟堂を創建されたことに始まります。その後、この廟堂を本願寺と名のるようになり、山科《やましな》や大坂など各地を移転して、天正十九（一五九一）年に現在の地（京都市下京区堀川通花屋町下ル）に寺基《じき》を定めました。

その翌年、本願寺第十一代・顕如《けんにょ》上人が往生されると、長男の教如《きょうにょ》上人が一度は本願寺を継がれました。しかし、顕如上人は三男の准如《じゅんにょ》上人に本願寺を譲《ゆず》ることを記していたため、豊臣秀吉によって教如上人は隠居処分とされ、准如上人が本願寺を継職されました。これが現在の「西本願寺」です。

一方、教如上人は秀吉の没後、慶長七（一六〇二）年に京都烏丸七条の地を徳川家康から寄進され、そこに一寺を建立されました。これが現在の「東本願寺」です。これによって本願寺は二つに分かれることとなり、所在地から「西本願寺」と「東本願寺」（教如上人が建立）と呼ばれるようになりました。

なお東京の築地本願寺は、元和三（一六一七）年、准如上人のとき西本願寺の別院として建立され、築地別院と称しましたが、現在は西本願寺の直轄寺院として築地本願寺と称しています。

コラム① 地を築き建てられた築地本願寺

築地（東京都中央区）は、日本の代表的卸売市場の築地市場があることで有名ですが、その地名の由来は築地本願寺が大きく関わっているといわれています。

明暦三（一六五七）年、振袖火事と呼ばれる歴史的な大火で坊舎を焼失した築地本願寺（当時、浅草御堂《あさくさみどう》）が、その代替地として幕府より指定されたのが八丁堀の海上でした。そこで佃島《つくだじま》の門徒が中心となり、本堂再建のために海を埋め立てて土地を築きました。地を築き再建されたお寺であることから、「築地御坊《つきじごぼう》」と呼ばれるようになりました。

そもそも築地本願寺は、京都の西本願寺の別院として建てられました。現在の築地本願寺は、伊東忠太《いとうちゅうた》氏の設計により、昭和九

（一九三四）年に落成しました。寺院建築としては珍しく古代インド仏教様式の外観で、国の有形文化財に登録されています。

またご本尊の阿弥陀如来は、あらゆる世界の数限りない生きとし生けるものすべてを救おうとはたらきつづけている仏さまです。「必ず救う、われにまかせよ」と、いつでもどこでもだれにでもよびかけられ、いまここにいる私を救い取って決して見捨てることはありません。

この阿弥陀如来の平等で広大なはたらきに基づき、築地本願寺はだれにでも開かれたお寺となっています。そのため拝観料はいりません。

築地市場や銀座、新橋など築地の近くを訪ねた折には、ぜひ築地本願寺にお参りされてはいかがでしょうか。

二　日本の歳時記とお寺の年中行事

Q.1 浄土真宗ではお正月をどのように迎えるのですか？

浄土真宗の多くのお寺で元旦会《がんたんえ》（修正会《しゆしようえ》）が行われます。元旦会は「元旦の法要」という意味です。新年を祝うとともに、今年もお念仏申す人生を歩む決意を新たにする仏事です。

ところで、初詣では、神さまや仏さまの前で手を合わせ、自分の願いが叶うよう祈りを捧げるものだと思っている人が多いようです。私たちは願いが叶ったならばご利益《りやく》があったと思い、さらに別の願いが起こってきます。どれだけ願いが叶ったとしても、満たされることはないでしょう。反対に願いが叶わなかったならば、「こんなに祈っているのに」という思いにもなります。願いが叶っても叶わなくても、自己中心的な思いから抜け出すことはできません。

浄土真宗は、私の願いを叶えてもらうのではなく、阿弥陀如来の願いを聞く教えです。阿弥陀如来は、苦しみ悩み傷つけあう私たちのことを決して見捨てることなく、安らぎを与えようと願われつづけています。私の願いを叶えようと祈る人をも救おうとはたらきつづけている仏さまです。

一年の始まりを元旦会にお参りし、共に阿弥陀如来に願われている人生であることを確認したいものです。

Q.2 恵方巻《えほうまき》は一気に食べないと願い事はかないませんか？

恵方巻は、節分の夜にその年の恵方とされる方角に向かって無言で、願い事を思い浮かべながら、太巻ずしを丸かじり（丸かぶり）するのが風習とされています。戦後、大阪の海苔業界が海苔の販売促進のため宣伝していたものを、十年余り前に、コンビニエンスストアで販売するようになってから、全国でこの時季によく見かけるようになりました。

恵方巻の恵方とは、今年の幸福を司る神のいる方角のことだそうですが、浄土真宗は方角の良し悪しを気にする教えではありません。阿弥陀如来の救いは、あらゆる方角（十方《じっぽう》）にはたらいているからです。一気に太巻を食べて願い事を叶えようとする風習や、そのようなしきたりもありません。私が願おうとするはるか前から、阿弥陀如来の方が私を願いつづけてくださっていたからです。それは目の前の自分に都合のよいことばかりを追いかけて迷うこの私こそ救わずにはおかないという大いなる願いです。

　太巻ずしに包丁を入れて、丸かじりをしなかったからといって、縁が切られるようなこともありません。縁とは、人間の思考や能力を超えた結びつきをいいます。恵方巻を食べる機会を得ることもご縁でしょう。その際は、多くのいのちの恵みとみなさま方のおかげに感謝し、またついつい自分勝手な願い事をしてしまう人間の心の弱さを感じながら召し上がったらよいでしょう。

Q.3 お寺で結婚式を行えるのですか？

「ジューン・ブライド」と呼ばれるように、六月に結婚をされるカップルが多いようです。人生の門出を飾る結婚式。浄土真宗では、阿弥陀如来の御前で夫婦となることを誓う儀式を「仏前《ぶつぜん》結婚式」といいます。

たとえば築地本願寺で行う結婚式では、華やかな荘厳《しょうごん》（色とりどりの花や朱色のロウソクなど）がほどこされ、オルガンと雅楽が奏でられます。厳粛な雰囲気のなか、新郎新婦が結婚の誓いを仏前で申しあげる「誓いの言葉」や、司婚者（式を執り行う僧侶）から記念の「念珠授与」、阿弥陀如来の尊前にて「お焼香」などを行います。

お二人の一生の思い出になることでしょう。また希望により「指輪交換」も組み入れることができます。服装は、和装・洋装のどちらでも対応することができます。

ところで、浄土真宗の宗祖親鸞聖人は、僧侶は妻帯しないということを超えて恵信尼《えしんに》さまと結婚されました。それは、法然聖人が、親鸞聖人に語られた「お念仏のさまたげにならないならば、決して結婚は問題になりません」という教えに基づいています。僧侶に限らず、だれもがいかにお念仏を申す環境にあるかが重要なのです。浄土真宗は家庭生活を送りながら、お互いを敬愛する中で、お念仏をよろこび生き抜く教えです。

Q.4 お寺で七五三を行えるのですか？

浄土真宗では、七歳・五歳・三歳を迎えるお子さんを対象に参拝式を実施しているお寺もあります。仏前でのお勤めや仏さまのお話があるほか、写真撮影や記念品などが用意されています。お子さんがこれまで無事に育ったことをよろこび、ご家族やご縁のある方とそろってお参りしてお祝いしましょう。

ところで、神社で七五三が行われるようになったのは明治の中頃で、それほど古いものではありません。七五三を神事と考えている方もおられるでしょうが、必ずしも神社で行わなければならない理由はないのです。

七五三は、古くから公家や武家が行っていた儀式である三歳の「髪置《かみおき》」、五歳の「袴着《はかまぎ》」、七歳の「帯解《おびとき》」に由来するといわれています。髪置は髪を伸ばし始め、袴着は男児が初めて袴を着け、帯解は女児が大人の帯を締める儀式です。

このような風習は、子どもの死亡率が高かった時代に、七五三の年齢まで無事に育てることが難しかったことと関わりがあると考えられます。昔も今もわが子の成長をよろこばない親はいません。人生の節目をお寺で迎え、「ほとけの子」として生きていくことは大変尊いことであります。

Q.5 葬儀や法事以外で、お寺にお参りすることはありますか？

浄土真宗のお寺は、葬儀や年忌法要など人の死を縁とする儀礼をするだけの場所ではありません。

私たちの人生の節目やさまざまな活動とともにあり、生きていくうえで大切な場所であります。なぜならば浄土真宗では、うれしいときも悲しいときも人生のすべてが阿弥陀如来のはたらきのなかにあると考えるからです。

親鸞聖人のご誕生をお祝いする降誕会《ごうたんえ》や親鸞聖人への報恩感謝のために営まれる報恩講《ほうおんこう》などお寺で開かれる法要のほかにも、初参式《しょさんしき》（新しいいのちをめぐまれたよろこびをご縁として、ご家族やご縁のある方がそろってお参りする儀式）や七五三、成人式や結婚式もお寺で行います。

また、このようなお祝いの行事には「慶讃法要《きょうさん》」もあります。慶讃法要とは、新築や修復の落成にあたって、さまざまな方々のご苦労に対する感謝の気持ちを表すとともに、ご縁のある方々があい集まって、ともに阿弥陀如来のはたらきのなかにあるというよろこびの思いから行うものです。

Q.6 雅楽は仏教と関係があるのですか？

雅楽は、仏教とともに中国・朝鮮半島を経て日本に伝わってきたものです。日本に伝来する以前から、仏教の儀礼の場に雅楽は欠かせないものでした。つまり、もともと雅楽は仏教と密接な関係にあったのです。

雅楽は、五音七声で表される十二の和音階で奏されます。五音の中の宮《きゅう》と商《しょう》の音律は相性が悪く、不協和音となります。この不協和音は、まるで私たちの姿を表しているかのようです。私たちは自分が正しいと思い、日々生活を送っています。正しいと思う者同士では、争いが絶えないものです。このような私たちを悲しみあわれみ、宮と商とが自然に調和する世界である浄土を建てられたのが、阿弥陀如来です。雅楽は、阿弥陀如来の浄土を表しているのです。親鸞聖人は、このお心を次のご和讃《わさん》でお示しです。

清風宝樹《しょうふうほうじゅ》をふくときは
いつつの音声《おんじょう》いだしつつ
宮商和《きゅうしょうわ》して自然《じねん》なり
清浄薫《しょうじょうくん》を礼《らい》すべし

（親鸞聖人『浄土和讃』）

法要で演奏される雅楽からも阿弥陀如来のおこころを感じ取られてはいかがでしょうか。どうぞお参りください。

Q.7 永代経とはどのような意味ですか?

永代経とは、永代読経《えいたいどきょう》を略した言葉です。永代経という経典があるわけではありません。一般的には、永代供養《くよう》として亡くなられた方への追善《ついぜん》供養や追善回向《えこう》のため、寺院で永代にわたって読経することとして理解されています。

浄土真宗でも「寺院で永代にわたって読経すること」であることは、他宗と変わりありません。しかし、他宗とは読経の趣旨や読まれる経典は異なります。

浄土真宗では、他宗のように追善供養や追善回向のための読経はしません。浄土真宗の教えが永代にわたるまで、いつまでも伝わっていくことを願い、阿弥陀如来のお徳を讃《たた》えるためにお勤め（仏前でお経を読むこと）をします。

浄土真宗の教えとは、阿弥陀如来のはたらきによって恵まれた「南無阿弥陀仏《なもあみだぶつ》」のお念仏によって、浄土に往生し、仏に成る道です。この教えに基づいて永代経を勤めることで、多くの方が浄土真宗の教えに出あい、阿弥陀如来のお心に触れることになります。

私たちが手を合わせ、お念仏を申すことができるのは、浄土真宗の教えをよろこび、念仏に生きられた方々がいらっしゃったからです。永代経を通して、「浄土真宗の教えに出あう場が、永代にわたって存続してほしい」という先人たちの思いを受け継いでいくことが大切なのです。

Q.8

彼岸《ひがん》とはどのような意味ですか?

彼岸とは、サンスクリット語の「パーラミター」の訳語である「到彼岸《とうひがん》」に由来するといわれています。この「パーラミター」という語は、漢字では「波羅蜜(多)」と書きます。それはすべてのものの真実を見極める智慧《ちえ》を身につけることです。この智慧によって、仏教ではこの世界(此岸《しがん》)からさとりの世界(彼岸)へ到達することを説きます。

しかし、私たちは欲望や怒りなどによって苦しみ悩み傷つけあうため、さとりの世界に到達するための智慧を身につけることは容易ではありません。

　このような私たちを、阿弥陀如来はすでに見通され、私たちのために、さとりの世界である「浄土」を建立されました。そして智慧と慈悲のすべてを「南無阿弥陀仏」に込めて与えられ、この念仏一つで浄土へと導いてくださっています。浄土真宗では、彼岸とは阿弥陀如来の教えをいただいたものが生まれてゆく、さとりの世界である「浄土」のことです。

　春・秋のお彼岸のときには、お寺で行われる法座《ほうざ》や法要にお参りいただき、阿弥陀如来のおこころを聴聞《ちょうもん》してまいりましょう。

Q.9 成道会《じょうどうえ》とは何ですか？

お釈迦さまは三十五歳のとき、十二月八日にインドのブッダガヤで、さとりを開かれ、仏陀（ブッダ）に成られたと伝えられています。十二月八日に成道会が行われるようになったのは、このことに由来しています。

仏陀とは、「さとった者」「真実にめざめた者」という意味です。お釈迦さまが仏陀に成られたことを、さとりの道が完成（成就）したということから、「成道」といいます。

お釈迦さまは真実をさとられただけではなく、その内容をお説きくださいました。お釈迦さまが伝道されたからこそ、私たちは真実に出あうことができるのです。お釈迦さまは、真実を自分で考えたり、創りあげたりして発明したわけではありません。真実をさとったということは、真実を発見されたということであり、その真実を言葉として説法されたのです。

浄土真宗では、お釈迦さまの説法は、すべてのものを救う阿弥陀如来のはたらきを説くためのものであったと考えます。親鸞聖人は、真実である「南無阿弥陀仏《なもあみだぶつ》」を説くために、お釈迦さまはこの世に現れてくださったと述べられています。

Q.10 除夜会《じょやえ》とは何ですか？

除夜会とは、大晦日の夜、勤められる法要のことです。仏さまの教えを聞き、一年をふり返る仏事です。梵鐘《ぼんしょう》のあるお寺では、大晦日に除夜の鐘を一〇八回つきます。一〇八とは煩悩の数だとされ、一般的に煩悩を打ち払うために、除夜の鐘をつくと言われています。

そもそも仏教とは、さまざまな煩悩を制御し、智慧《ちえ》をみがいて仏に成ることをめざす教えであることから、除夜の鐘は苦しみや悩みを取り除く儀式として考えられてきたのでしょう。

しかし、私たちは欲望も多く、怒りや腹立ち、そねみ、ねたむ心が絶えることなくおこり、除夜の鐘をついてもその心は止まることも消えることもありません。したがって除夜の鐘を通して、自らの煩悩をみつめることが大切なのです。

私たちは、なかなか自己中心的な生き方から離れることはできないけれども、常にさまざまなものから恩恵を受けていると同時に、さまざまな迷惑をかけているものです。そのような私の姿にめざめさせてくださるのが、仏さまのまなざしです。

大晦日には除夜の鐘だけではなく、除夜会にお参りし、仏さまの教えを通して、この一年をしっかりとふり返りましょう。

コラム② 最も大切な法要・報恩講《ほうおんこう》

報恩講とは、浄土真宗の宗祖親鸞聖人のご命日（一月十六日）をしのび、聖人の恩に報いる法要をいいます。それは私たちが聖人のお説きくださった阿弥陀如来の教えに出あえたことをよろこぶ集いであり、浄土真宗で最も大切な法要です。京都の西本願寺では、毎年一月九日から一月十六日まで営まれますが、一般のお寺では、それよりも先に勤めることが多いです。

親鸞聖人がご往生されて十年目にあたる文永九（一二七二）年の冬、京都・鳥辺野《とりべの》の北大谷にあった聖人のお墓は、聖人の末娘である覚信尼《かくしんに》さまと関東の門弟たち（念仏者）とが力を合わせて、覚信尼さまの住む大谷の地に移転改葬されました。この廟堂は地名を冠して「大谷廟堂」と呼ばれました。廟堂ができると、親鸞聖人のご命日には、各地の門弟たちが参詣し、お念仏を申されました。

また、本願寺第三代・覚如《かくにょ》上人は、親鸞聖人の三十三回忌の法要を勤めるにあたって、聖人の遺徳をたたえ仰ぐために『報恩講私記《ほうおんこうしき》』を著されました。これが報恩講のはじまりであると考えられています。

門弟たちは、親鸞聖人のお墓に不思議な力があると考えていたわけではありません。聖人を慕う人びとが集うことで、聖人に出あい、阿弥陀如来の教えに出あっていかれたのです。それは聖人の遺徳に導かれ、阿弥陀如来の願いの意味を知るということです。

手を合わせ、お念仏を申すとき、このような宗教的世界の豊かさに気づかされていくのです。どうぞ報恩講にお参りください。

三　葬儀をご縁として

Q.1 葬儀を行ってはいけない日があるのですか？

この日は「善い日だ」「悪い日だ」と聞くことがあります。たとえば、大安は何をするにしても良い日であり、反対に仏滅は悪い日だというように、結婚式などの慶事は大安を意識して行う方もいれば、友引に葬儀を行わないようにする方もいるようです。

葬儀を友引の日に行わないのは、「友を引き連れて死んでいく」と考えているからと思われます。また友引の日を休みにしている火葬場も多いため、この日に葬儀を行えない事情もあるようです。

浄土真宗にはこのような日の善し悪しをいう考え方はありません。これらはまったく根拠のない迷信です。迷信には惑わされないようにしましょう。葬儀の日を決める際には、必ずお寺に相談してください。

親鸞聖人は、「私たちは日の善し悪しを言ったり、いろいろな神様にお願いをしたり、占いに頼ったりして、自分の都合ばかりを考えている。何と悲しいことなのだろうか」と歎《なげ》かれています。阿弥陀如来の願いに出あい、お念仏をいただいたことで、日の善し悪しにこだわる必要がなくなるという生き方が大切なのです。

Q.2 葬儀と告別式は違うのですか？

一般的に葬儀と告別式を混用したり、同義にとらえたりする傾向がありますが、浄土真宗では本来、告別式という表現を用いないようにしています。

告別式とは、亡くなられた方に別れを告げる儀式のことです。亡くなられた方とお別れする時間のみを告別式という場合もあるそうです。これには宗教的な意味あいは含まれていません。

浄土真宗における葬儀とは、仏縁にあうための儀礼であると考えます。仏縁にあうとは、亡くなられた方も遺された者も、だれもが平等に阿弥陀如来に救い取られるという、お念仏の救いに出あうということです。阿弥陀如来は救い取ったら、決して見捨てることはありません。なぜならば、阿弥陀如来のお心とは、私たちの悲しみをわが悲しみとし、私たちの苦しみをわが苦しみとする大きな慈悲の心だからです。

また浄土真宗では死を終わりとは考えません。この世の縁が尽きて、阿弥陀如来の浄土に往生された方は、すぐさま仏さまに成られ、仏さまとして私たちを導いてくださるはたらきをはじめられるからです。したがって浄土真宗には、人の死を別れだけとは考えません。葬儀を執り行うことによって、阿弥陀如来に抱かれる人生を歩み、私もまた阿弥陀如来の浄土に往生し、仏さまに成らせていただくものだと、うなずいていくことが大切であります。

Q.3

戒名と法名《ほうみょう》は違うのですか？

浄土真宗では、戒名と法名を明確に区別し、戒名とは言いません。戒名とは、受戒した人（戒を守り持つ人）に与えられる名前だからです。戒名は、仏弟子《ぶつでし》として修行していくことを決意するときに授けられます。しかし、私たちはいかなる修行にもたえることができず、戒（いのちあるものを殺してはいけない、盗んではいけない、男女の関係を乱してはいけない、うそをついてはいけない、酒を飲んではいけないなど）を守ることもできません。このような私たちにとって、戒名はふさわしい名前ではありません。

浄土真宗では、仏弟子（念仏者）としての名前である「法名」を授与しています。法名は、釈尊の「釋（釈）」を姓とし、すべての仏弟子が阿弥陀如来の前に平等であることを示したものです。これはすべてのものを平等に救うという阿弥陀如来の願いに基づいています。この浄土真宗の教えによって、法名は「釋」の後を漢字二文字とし、「釋○○」という形式で統一しています。法名の下に、居士や大姉などを付ける必要はありません。また、長ければよいというわけでもありません。

法名は、仏弟子としての名のりですので、この世で授けられるのが本来の趣旨です。そこで本願寺では、仏弟子としての名のりを行う儀式として帰敬式《ききょうしき》を行い、法名を授与されることを推奨しています。帰敬式は、西本願寺と築地本願寺で行っています。

Q.4 浄土真宗で弔辞や弔電に使わない言葉があるのですか？

弔辞や弔電には、浄土真宗にふさわしくない表現が使われることが、しばしばあります。次の文例からさがしてみてください。

「謹んで○○様のご霊前に申し上げます。……どうか天国で安らかにお眠りください。ご冥福をお祈りいたします」

この中の「ご霊前」「天国」「安らかに眠る」「ご冥福を祈る」という言葉は、浄土真宗では使用しません。なぜならば浄土真宗は、阿弥陀如来のはたらきによって、念仏を申す人生を歩んだ者は、この世の縁が尽きるとき浄土に生まれ、すぐさま仏に成る教えだからです。そのため「ご霊前」は「ご仏前」とし、「天国」ではなく「浄土」を用います。これは単に言葉の問題だけではなく、亡くなられた方の行くすえをどのようにとらえているのか、ということと関係します。天国はキリスト教の「神の国」などの意味で用いられています。仏教でも「天」を説きますが、それは迷いの世界であり、決して仏さまの世界を表していません。

またさとりそのものである浄土は、故人が「安らかに眠る」世界でもありません。仏さまと成られた方は、浄土からこの世に還《かえ》って、常に私たちを真実に導き入れようとはたらきつづけられていますから、「私たちをお導きください」などとするべきでしょう。冥《めい》土《ど》（暗闇）の幸福を祈る必要もありませんので、「ご冥福を祈る」は、「哀悼《あいとう》の意を表す」などとします。

Q.5 御霊前と御仏前に違いがあるのですか？

通夜や葬儀に参列するとき、香典の表書きに悩むことはありませんか。そのようなとき金封が入れられていた袋や、冠婚葬祭のマナーを取り扱った本を見て判断される方も多いと聞きます。これらのほとんどは、お供えする時期によって表書きに違いがあることが記されています。たとえば通夜や葬儀、初七日から七七日（四十九日）法要までは「御霊前」と書き、七七日法要以後は「御仏前」と書くようにすすめています。この「御霊前」と「御仏前」の違いは、中《ちゅう》陰《いん》（中有《ちゅうう》）という考え方によるものと思われます。中陰とは人が死んで、次の生を受けるまでの中間の存在（迷い）を意味します。この考え方により通夜の際に「御霊前」を使うのでしょう。

しかし、浄土真宗は阿弥陀如来のはたらきによって、念仏申す人生を歩み、この世の縁が尽きるとき浄土に生まれて、すぐに仏に成る教えです。したがって、浄土真宗では「御霊前」を使用することはありません。

通夜や葬儀のみならず、七七日法要以後も「御仏前」と書きます。また御仏前は「御香儀」と書いても構いません。浄土真宗の教えに基づいた表書きになるよう心がけましょう。

Q.6 僧侶への御礼の表書きは、何を書いたらよいのですか？

法事や葬儀など僧侶を招いて仏事を勤める時、御礼をされるのではないかと思われます。そのときの表書きには何を書いたらよいのか、悩まれる方も多いでしょう。

浄土真宗では「読経料」や「回向料《えこう》」ではなく、「御布施」と書きます。御布施は、読経したことに対する謝礼や報酬ではありません。また僧侶が功徳《くどく》をふり向けること（回向）への御礼でもありません。浄土真宗では、人が人に功徳を与えるようなことはできないと考えているからです。

布施には、金品や衣食などを施《ほどこ》す「財施《ざいせ》」、お経を読んだり、仏さまの教えを話したりする「法施《ほうせ》」、おそれの心を除く「無畏施《むいせ》」があります。一般的に「御布施」は、このうちの財施にあたります。

また布施は、施す者と施しを受ける者と施し物の三者から成りま す。みかえりを期待しない、与えたもの、与えられたものにこだわらない、相手にこだわらないことを基本としています。浄土真宗では、布施を仏縁に出あわれたよろこび、感謝であると考えることができます。

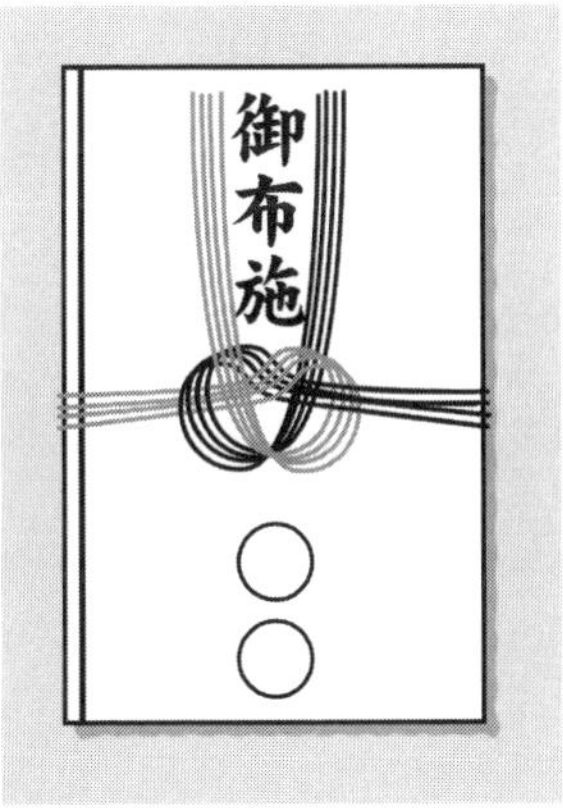

Q.7 お経を読むのは、どのような意味があるのですか？

浄土真宗では、亡くなられた方の供養や慰霊のためにお経を読むことはありません。またお経を読むことによって、ご利益《りやく》があったり、よいことが起こったりするとも考えません。阿弥陀如来の恩徳《おんどく》を讃《たた》え、感謝する思いから、お勤め（仏前でお経を読むこと、勤《ごん》行《ぎょう》）をします。

親鸞聖人は、阿弥陀如来が常に私たちを救おうとはたらきつづけていることに対して、いくら感謝しても感謝しきれないと表明されています。

この私たちを救ってくださる阿弥陀如来の教えは、浄土三部経《じょうどさんぶきょう》

（『仏説無量寿経《ぶっせつむりょうじゅきょう》』『仏説観無量寿経《ぶっせつかんむりょうじゅきょう》』『仏説阿弥陀経《ぶっせつあみだきょう》』）に説かれています。

お経は「如是我聞《にょぜがもん》」（このように私は聞いた）という言葉から始まるように、この私が仏さまの教えを聞くために読むのです。これは単に僧侶の読経を聞くということではありません。苦しみや悩み多い私のために仏に成られ、今、現に私のために教えを説きつづけている阿弥陀如来のよび声を聞くということです。したがって、お経を読むことは、阿弥陀如来の教えを聞くことであり、その教えを通して自分をみつめることにほかなりません。

Q.8 念珠はどのように持てばよいのですか？

浄土真宗本願寺派（西本願寺）では、念珠は房を下にして、左手で持ちます。

合掌のときは、念珠を両手の親指以外の四本の指にかけて、親指で軽く押さえます。念珠は必ず両手を通すようにします。珠をこすり合わせたり、まわしたり、てのひらの中でにぎりしめたりすることはしません。

合掌は、胸の前で両手を合わせ、のばした指先が上体と四十五度の角度になるようにします。そして、ご本尊の阿弥陀如来に向って「南無阿弥陀仏《なもあみだぶつ》」とお念仏を称《とな》えます。

お念仏を称えたら、礼拝《らいはい》をします。礼拝とは、合掌の姿勢のままゆっくり上体を前に傾けることで、阿弥陀如来におまかせ（帰命《きみょう》）する姿をあらわしています。礼拝の後は、静かに元の姿勢に戻してから合掌をときます。

合掌・礼拝は、私たちを救ってくださる阿弥陀如来への敬いの心を表す作法《さほう》です。

Q.9 お焼香はどのようにすればよいのですか？

お焼香は、宗派によってさまざまな作法《さほう》があり、お焼香をする回数もさまざまでありますが、浄土真宗本願寺派では次のように行います。

①ご本尊の阿弥陀如来に向かって一礼する。
②お香を一回だけつまんで香炉にくべる。
③合掌し、「南無阿弥陀仏《なもあみだぶつ》」と称《とな》え、礼拝《らいはい》する。
④二、三歩下がって、一礼して退出する。

浄土真宗では、お香を額のあたりに持ち上げて、押しいただくことはしません。押しいただくという行為には、私が「心をこめる」

「功徳《くどく》を与える」という意味があります。しかし、親鸞聖人が述べられているように、私たちには、清らかな心もなく、偽りやへつらうばかりでまことの心はありません。本当に心をこめることや、功徳を与えることは非常に難しいことです。

したがって、浄土真宗では押しいただかずに、お焼香をします。お焼香をすることとは、私たちすべてのものを平等に包み込む香りの中に、阿弥陀如来からの慈悲のはたらきを感じるということなのです。

Q.10

お線香はどのようにお供えしたらよいのですか？

お線香は他の宗派では立てるところもありますが、浄土真宗では香炉の大きさに合わせて、適当な長さに折ってから火を付け、必ず横にして供えます。

お線香の原型は、竹の棒にお香の粉を塗ったものであるといわれています。これは長時間にわたってお供えするために、考え出されたものです。浄土真宗のご本山《ほんざん》である本願寺では、開門から閉門まで、お香を欠かすことはありません。常にお香をたくために、香炉の灰に溝をつくり、そこに抹香《まっこう》を敷き詰めるよう工夫をしています。浄土真宗で用いるお線香はこれに準じたもので、横にしてお供えするのです。

常にお香をたくことで、おのずと香りが私たちの身に染まります。いつでもだれにでも香りがゆきわたるかのように、阿弥陀如来は、わけへだてない慈悲の心を私たちに向けられています。親鸞聖人は、阿弥陀如来のお心に触れ、お念仏申す身になった人を「染香人《ぜんこうにん》」と讃《たた》えられました。お香の香りに染まった人の身から、自然とかぐわしい香りが漂ってくるように、お念仏申す人は、阿弥陀如来のはたらきによって身が飾られると述べられたのです。

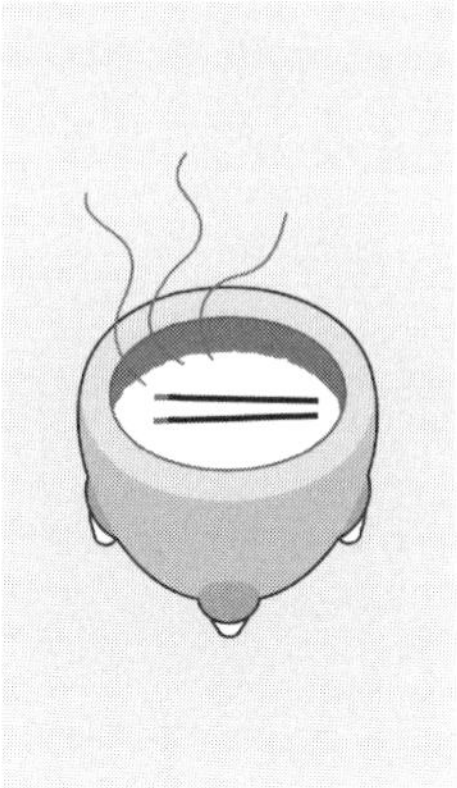

コラム③　むなしくない「いのち」

私たちはだれもが年を取り、病気にもなり、やがて死を迎えなければならないことを知っています。しかし、私たちはそのどれをも、自分には関係がない、まだまだ先のことだと考え、日々をおくりがちです。しかし、このような思いは、いずれ打ち砕かれる日がやってきます。

仏教はこのような私たちに「この世も私自身も、いつも移り変わっていくものである」と教えてくださいます。なかでも阿弥陀如来は、その移り変わっていくなかで苦しみ悲しむ私たちを受けとめ、私たちの人生をむなしく終わらせてはならないと、「南無阿弥《なもあみ》陀仏《だぶつ》」のお念仏となって、いつでもどこでも私たちを救おうとはたらき続けていらっしゃいます。

本願力《ほんがんりき》にあひぬれば
むなしくすぐるひとぞなき
功徳《くどく》の宝海《ほうかい》みちみちて
煩悩《ぼんのう》の濁水《じょくすい》へだてなし

（親鸞聖人『高僧和讃《こうそうわさん》』）

阿弥陀如来の本願のはたらきに出あったならば、人生がむなしく過ぎるということはありません。「南無阿弥陀仏」の海のようなはたらきに抱かれて、煩悩だらけの私たちも浄土に往生し、仏さまにならせていただくのです。

「南無阿弥陀仏」のお念仏は、あらゆる功徳が欠けることなく満たされていることから、海にたとえられます。海は清らかでも濁《にご》っていてもすべての川の水を受け入れ、すべての水を同じ塩辛い一つの味にします。これと同じように阿弥陀如来は、すべてのものを分《わ》け隔《へだ》てなく包み込んでくださいます。

葬儀、法事やお墓参りを縁として、変わることなくはたらきつづけてくださっている阿弥陀如来に出あわせていただき、むなしく過ぎることないお念仏の日々をおくらせていただきましょう。

四　法事・お盆を迎えて

Q.1

お墓にはどのようなときにお参りをすればよいのですか？

命日やお盆を迎えると、「手を合わさずにはいられない」という気持ちになる方も多いことでしょう。また「お盆だから、お墓参りをしなければならない」と、お墓にお参りすることを習慣として受けとめられている方もいるかもしれません。お墓にお参りすることで亡くなられた方を偲び、いろいろなことを思い出すこともあるでしょう。そうした中で私がお参りすることが亡くなられた方のためになるなどと考えてはいないでしょうか。

しかし、それはまったく反対で私がお参りをしてあげるのではありません。阿弥陀如来は私を心配し、亡くなられた方を通して「手を合わす身になってくれよ」と、切なる思いで私の手を引っ張り、背中を押してくださっています。仏さまの方から「お念仏しておくれ」とはたらきかけてくださっているからこそ、お参りさせていただくのです。

だれもが初めから手を合わせ、お念仏を称えられたわけではなかったはずです。さまざまな導きがあったからこそ、浄土真宗の教えに出あい、お念仏を申す身になったのです。それは私が仏さまのことを思う以上に、仏さまが命日やお盆に限らず、いつも私を見まもり、思いつづけられているということです。命日やお盆だけではなく、いつでもお参りください。

またお墓にお参りをした時には、お寺の本堂にも忘れずにお参りください。

Q.2 年忌は亡くなった何年後に行うのですか？

年忌は、亡くなった方の祥月命日《しょうつきめいにち》に営む法事です。

祥月命日とは、亡くなった月日のことをいいます。初めての祥月命日の法要は、亡くなった年の翌年に営まれ、一周忌といわれます。その翌年は、二周忌とは言わず、亡くなった年を含めて数えるので、三回忌といいます。

以後、亡くなった六年後に七回忌、十二年後に十三回忌、十六年後に十七回忌を勤めます。二十五回忌は、二十三回忌と二十七回忌として勤める場合もあります。また三十二年後には三十三回忌、四十九年後には五十回忌を勤め、その後は五十年ごとに法事を行います。

ご本山《ほんざん》である本願寺では、平成二十三年四月より宗祖親鸞聖人の七五〇回大遠忌《だいおんき》法要が行われました。

法事は、亡くなった方を通して、私自身が仏法と向き合うご縁をいただくと受けとめることが大切です。ご縁をいただいたことを喜ぶ心で年忌法要を勤めるようにいたしましょう。

Q.3 位牌を拝《おが》まないのは、どうしてですか？

位牌は、もともと仏教とは関係のない儒教の習慣からきたものです。儒教では、亡くなった人の生前の官位や姓名などを記した板に、死者の霊が宿るといわれ、これを祀《まつ》ったり拝んだりするそうです。日本には平安時代後期から鎌倉時代初期にかけて禅宗とともに伝わり、江戸時代に祖先崇拝と結びついて広がりました。そのため位牌は、死者の霊を祀るものであるとして、お仏壇に入れる方も多いようです。

しかし、浄土真宗では位牌を拝むことも、位牌をお仏壇に入れることもしません。なぜならば、阿弥陀如来のはたらきによって、お念仏申す人は、間違いなく浄土に往生して仏に成るという、親鸞聖人の教えに基づいているからです。

つまり、浄土真宗の礼拝の対象は、苦悩の私たちを救いとってくださる、阿弥陀如来一仏《いちぶつ》ですから、位牌を礼拝の対象とすることはないのです。また、お仏壇はご本尊の阿弥陀如来をご安置《あんち》するところですので、位牌を置くことはありません。

なお亡くなった方の法名や俗名、命日などは「過去帳《かこちょう》」に記入します。過去帳はお仏壇の正面を避けて置くようにしましょう。

Q.4

お経は私たちも読んでよいのですか?

お経は、法事や葬儀において僧侶だけが読むものだと考えている方もいらっしゃるようです。しかし、お経とはお参りをされている方が一同で、仏さまのはたらきを讃《たた》えるために読むものです。浄土真宗の僧侶は、その環境を整える担い手なのです。お経は、決してBGMではありません。

親鸞聖人が尊敬された七人の高僧(七高僧《しちこうそう》)の一人に数えられる善導大師《ぜんどうだいし》は、お経に説かれている教えとは、鏡のようなものであると述べておられます。絶えず錆びないように磨かれた鏡によって、自分の姿が映し出されるように、お経を何度も読み、その心を尋ねることによって智慧《ちえ》が開けて来るといわれています。智慧にはすべてのものの真実の姿を明らかにするはたらきがあります。阿弥陀如来の智慧の光に照らされる中で、愚かな自分の姿が映し出され、人生のよりどころとは何かが明らかになります。

私たちは、阿弥陀如来の光そのものを見ることはできませんが、阿弥陀如来は「南無阿弥陀仏《なもあみだぶつ》」のお念仏となって、常に私たちに、はたらきつづけてくださっています。したがって、お経を読むことによって、阿弥陀如来の私を救わずにはいられないという慈悲の心に気づかされ、この教えを通して自分をみつめることになるのです。

Q.5 念珠を持ってお参りするのは、どうしてですか？

ご本尊の阿弥陀如来に礼拝《らいはい》するとき、欠かせない法具《ほうぐ》が念珠です。

念珠は、数珠ともいいますが、浄土真宗では念珠と表現されることが多いです。数珠は、珠の数によって、となえた念仏の数を確認するために珠を爪繰《つまぐ》って用いますが、浄土真宗では念仏の回数を問題にすることはありませんので、珠を爪繰ったりしません。

本願寺の第八代・蓮如《れんにょ》上人は『御文章《ごぶんしょう》』に、念珠を持たないで阿弥陀如来に礼拝するのは、仏さまを手づかみにするのと同じことであると戒められています。仏さまを手づかみにするとは、自分の都合によって仏さまと関わろうとしていることを表しています。蓮如上人は、自分が仏さまをとらえようとするのではなく、私たちが阿弥陀如来の慈悲の心に摂《おさ》め取られていると受けとめること（他力の信心）が大切であると説かれています。そのありようが、念珠を持ってお参りをする姿となるのです。

念珠は大切な法具ですから、畳や床の上など歩行する場所に置いたり、念珠を持ったままトイレに行ったりしないよう気をつけましょう。

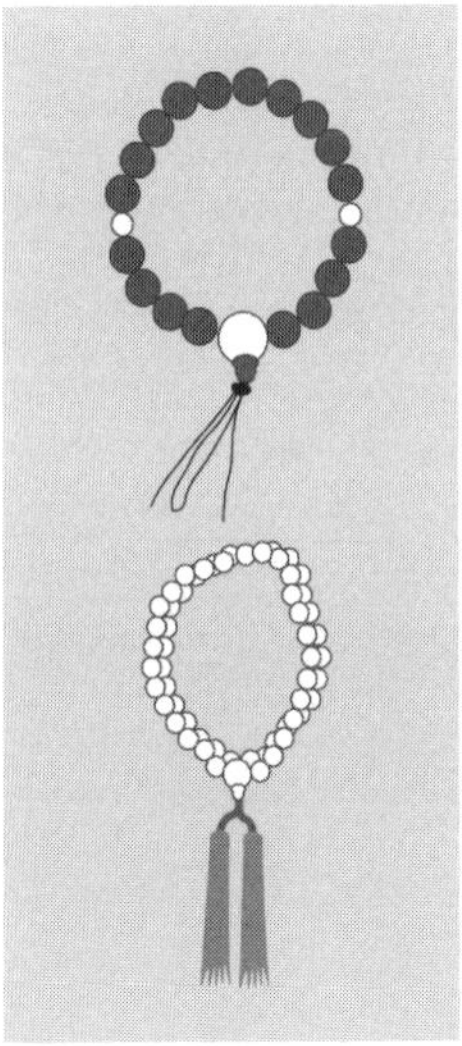

Q.6 御《お》布《ふ》施《せ》はどのようにお渡ししたらよいのですか？

法事や葬儀などの仏事を、僧侶が勤める時に、「御布施」を渡される際は、あらかじめ志納袋などに包んで用意しておき、直接僧侶へ手渡されるとよいです。

お盆に載せて渡されると、より丁寧になります。また御布施は、読経した僧侶への報酬ではありませんので、読経料や御経料とは言いません。したがって、商品を購入する際の金銭の受け渡しとは異なるため、現金のまま手渡したり、僧侶におつりを求めたりしないようにしましょう。

そもそも「布施」とは、他に与えること、施《ほどこ》しの意で、施す者と施しを受ける者と施し物の三者から成ります。みかえりを期待しない、与えたものや与えられたものにこだわらない、相手にこだわらないことを基本としています。

浄土真宗では、こうした布施を自らの功徳《くどく》とは考えません。功徳は、阿弥陀如来のはたらきによって恵まれるものだからです。そのため僧侶が功徳を他者にさし向けるわけではありませんので、御布施を回向料《えこうりょう》と表現することはありません。御布施は、浄土真宗の仏縁に出あわれたよろこびとしてお考えください。

Q.7 お盆を迎えるためにどんな準備をすればよいのですか？

浄土真宗では、お仏壇とはご先祖をお祀《まつ》りするところではなく、阿弥陀如来をご本尊としてご安置《あんち》するものと考えています。そのためお盆に特別なお飾り（荘厳《しょうごん》）をする必要はありません。法事と同じようにお仏壇に打敷《うちしき》（三角形状の装飾布）をかけ、灯明《とうみょう》をつけ、お香やお花をお供えし、お供物《くもつ》として菓子や果物などをお供えするとよいでしょう。

ところで他宗ではご先祖をお祀りするため、お仏壇の前に精霊《しょうりょう》棚《だな》を設け、初物の農作物をお供えするようです。このお供えには、キュウリとナスに割り箸を刺して馬と牛に見立てたものがあります。また先祖の霊がかえってくるための道灯《あか》りとして、迎え火や送り火を行ったりします。これらはすべて先祖の霊がお盆にかえってくるという考え方に基づいたものです。

しかし、浄土真宗の教えではそのような考え方をしません。阿弥陀如来のはたらきによって仏さまと成られた方々は、お盆に限らずいつも私を護《まも》りつづけてくださっています。私が浄土真宗の教えに出あったことを喜び、その教えにあわせてくださったご先祖のご恩を思うご縁がお盆なのです。

Q.8

お盆にはご先祖がかえってくるのですか？

浄土真宗の教えでは、浄土に往生し、仏さまに成られた方は再びこの世に還《かえ》ってくることを説きます。

浄土に往生することを「往相《おうそう》」といい、浄土に往生した者がこの迷いの世に還ってくることを「還相《げんそう》」といいます。往相も還相も阿弥陀如来の願いのはたらきによって成立します。浄土に往生した者は、そのまま浄土にとどまっているわけではなく、苦しみ悩む私たちを教え導くというはたらきが、阿弥陀如来によって恵まれます。

ところで、この世に還ってくるといっても、ご先祖の霊が還ってくるわけではありません。ご先祖だけではなく、浄土に往生した者は仏さまと成って、慈悲の心を起こして、あらゆる者を救うために還ってくるのです。そのはたらきは、私たちがどのような状況であっても、私たちを教え導いてくださるのです。したがって、お盆だけではなく、いつでも常に私たちを導くために還ってきているのです。

このように仏さまに成られた方は、常に私たちを阿弥陀如来の教えへと導いてくださっています。

Q.9 お盆には仏前に提灯《ちょうちん》や灯籠《とうろう》を置いた方がよいのですか?

迎え火や送り火としての提灯や灯籠を置く必要はありません。浄土真宗以外の宗派では、お盆に提灯や灯籠を飾って、迎え火や送り火を行うこともありますが、それは先祖の霊が迷わないよう、道灯《あか》りにするためだといわれています。しかし、浄土真宗ではこのような考え方をしません。

お念仏申す人生を歩まれ、阿弥陀如来の浄土に往生された方は、すぐさま仏さまと成られて、いつも私たちを見護《みまも》り、導いてくださっているからです。したがって、浄土真宗のみ教えをよりどころとして生きる者にとって、ご自身が提灯や灯籠を用意する必要はないのです。

しかし、ご親戚やご縁ある方から盆提灯を贈られた方もいるかも知れません。この場合は、先方さまのお心をいただき、ロウソクや輪灯《りんとう》と同じように、お灯明《とうみよう》としてお供えされてはいかがでしょうか。ロウソクの灯りは、すべてのものの真実を見極める仏さまの智慧《ちえ》を表しています。それは私たちを常に照らしつづけてくださる仏さまの光を意味しています。

コラム④　仏に成る教え

仏教とは、「仏の教え」をいいます。仏（仏陀・ブッダ）とは、「さとった者」「真実にめざめた者」のことです。つまり仏教とは、「真実にめざめた者の教え」ということです。真実にめざめ、さとりを開かれたならば、苦悩する人々を導こうとはたらくようになります。

この真実にめざめた者とは、まず思い浮かぶのがお釈迦さまです。そのため仏教とは、「お釈迦さまの教え」であるということもできます。お釈迦さまは真実にめざめ、それを言葉として説かれました。お釈迦さまは、相手の資質や能力に合わせて説法されたことから、仏教には多くの教え、経典が存在しています。数多くある経典の中でも肝心なことは、何よりも私にふさわしい教えとは何かをたずねることです。

そして、仏の教えを聞いた者が真実にめざめ、仏に成ることが説かれることから、仏教とは、「仏に成る教え」であるのです。

以前、ご縁を結ばせていただいた方の葬儀を執り行わせていただきました。がんを患っていたその方は「私はこの世の縁が尽きたら、浄土に往生し、仏さまに成らせてもらうんだよ」と、娘さんたちに語っていました。娘さんたちは、はじめその意味がよくわかりませんでしたが、お母さまの葬儀で、ご本尊の阿弥陀如来と向き合ったとき、娘さんたちは「この仏さまが、母を仏さまにしてくれたんだ。別れはとても悲しく、つらいけれども、仏さまに抱かれている安心感のような思いに包まれました」と語っていました。

娘さんたちは、阿弥陀如来のはたらきによって、お母さまが仏に成ったことを受け止められたのですが、それと同時に手を合わせ、お念仏を申す中に「私たちも仏さまに成るんだ」ということを知らされたのです。

苦しみ悩み深い私たちにとって、自分の力で仏に成るのではなく、仏の力（他力）によって、仏に成る道がただいま開かれています。それは真実を仰ぎ、生かされて生きていると実感する生き方になるのです。

五　門信徒としての心得

Q.1 ご本尊をお受けしたら、何をしたらよいのですか？

浄土真宗では、ご本尊を本願寺からお迎えし、ご安置《あんち》されたときに「入仏法要《にゅうぶつほうよう》（入仏式）」を行います。よく、お仏壇を購入したので魂を入れてほしいと依頼をされる方もいますが、僧侶は魂を入れるために読経するわけではありません。そもそも仏さまに魂を入れるなど必要のないことですし、だれもそのようなことはできません。

浄土真宗のご本尊である阿弥陀如来（南無阿弥陀仏《なもあみだぶつ》）は、真実をみきわめる智慧《ちえ》と、どのような人もわけへだてなく平等に救う慈悲の心をそなえられた仏さまです。ご本尊は、阿弥陀如来が悩みや苦しみ、欲望に満ちた私たちを救おうと、形をとって現れてくださったものです。

したがって、入仏法要を通して、確かなよりどころであるご本尊をご安置し、尊い仏縁に出あったよろこびとともに、これからお念仏申す人生を歩んでいくという思いを新たにすることが大切なのです。

Q.2

仏壇を置く場所がありません。どうすればよいですか？

住宅事情によって、お仏壇を安置《あんち》されることが難しい方もいらっしゃるかと思います。本願寺では、このような事情に合わせたご本尊（「きく」「いちょう」）をご用意しております。すべての門信徒の方がご本尊をお迎えすることが大切です。

ところで、お仏壇とは何を表しているのでしょうか。お仏壇は、すべてを救うご本尊の阿弥陀如来を安置するためのもので、阿弥陀如来の浄土を表しています。お仏壇を通して浄土を想い、浄土の教えにふれる大切な場となります。阿弥陀如来の浄土は、清らかで光あふれる世界です。親鸞聖人は、この光に照らされているものは、欲や怒り、愚かさが消え去って身も心も和らぎ、よろこびに満ちあふれると説かれています。私たちは阿弥陀如来とその浄土の光に照らされているからこそ、自らの身も心もみつめることができるのです。

またお仏壇は、ご本尊のお住まいですから、家庭生活のなかで最も大切であり、中心に位置づけられるものです。毎日、手を合わせ、お念仏を申す環境を整えることで、心のよりどころができ、一日一日を生きぬく支えをいただく場となります。お仏壇やご本尊を求める際は、必ずお寺のご住職にご相談ください。浄土真宗の正しいお飾り（荘厳《しょうごん》）を教えてくださり、法要（入仏式《にゅうぶつ》）をお勧めくださいます。

Q.3

ご本尊の阿弥陀如来が金色なのはどうしてですか？

金色は、限りない光である阿弥陀如来の智慧《ちえ》の徳を表しています。智慧は、すべてのものの真実のすがたを明らかにします。それは自己中心的な思いにとらわれ、苦しみ悩み傷つけあう私たちのすがたを明らかにしてくださいます。

本来、阿弥陀如来は色もかたちもなく、私たちが言葉で表現することも認識することもできない「さとり」そのものですが、親鸞聖人は、私たちにわかりやすくその救いのはたらきを知らせようと示してくださったのが、阿弥陀如来であると述べています。金色に輝いているのは、色やかたちにとらわれて生きている私たちを救うために、阿弥陀如来の方からわかりやすいすがたで現れてくださったことを意味しているのです。

阿弥陀如来は、この迷いの世界（此岸《しがん》）においてさまざまなすがたを示され、この世で私たちをさとりの世界（彼岸《ひがん》）である「浄土」へと導いてくださっています。お念仏を申す日暮らしの中で、私たちを間違いなく救う阿弥陀如来のおこころに出あわせていただきましょう。

Q.4 浄土真宗ではどのようなお経を読むのですか？

浄土真宗は、数多くある仏教のお経（経典）の中から、阿弥陀如来とその浄土について説かれた経典をよりどころとしています。

阿弥陀如来を中心に説いた経典は三種あり、「浄土三部経《じょうどさんぶきょう》」と呼ばれています。浄土三部経とは、『仏説無量寿経《ぶっせつむりょうじゅきょう》』『仏説観無量寿経《ぶっせつかんむりょうじゅきょう》』『仏説阿弥陀経《ぶっせつあみだきょう》』です。いずれも私たちが仏に成る道として「南無阿弥陀仏《なもあみだぶつ》」の念仏をすすめています。

特に『仏説無量寿経』には、阿弥陀如来による私たちすべてを平等に救うための願い（本願《ほんがん》）が説かれています。この経典に収められている「讃仏偈《さんぶつげ》」や「重誓偈《じゅうせいげ》」は、浄土真宗で日常読まれるお経です。

また親鸞聖人によって著された「正信念仏偈《しょうしんねんぶつげ》」（「正信偈《しょうしんげ》」）と「和讃《わさん》」は、朝夕のお勤めに用いられています。

「正信偈」と「和讃」はともに、『仏説無量寿経』と阿弥陀如来の本願を説き明かした七人の高僧を讃《たた》えた偈《うた》で、浄土真宗の教えの要が凝縮されています。これらの聖典は、浄土真宗本願寺派のお経本である『日常勤行聖典《にちじょうごんぎょうせいてん》』に収められています。

Q.5 どの順番でお経を読めばよいのですか？

法事や法要では僧侶と一緒にお勤め（仏前でお経を読むこと）をしますが、ご自宅でもお勤めをしてみると、とてもすがすがしい気分になると思います。お勤めは、お仏壇を掃除し、ロウソクや線香に火をつけた後、以下の順番で行います。

①合掌・念仏・礼拝《らいはい》。

②両手でお経の本を持ち、胸の前で一度止め、静かに額のところへ持ってくる。その後、お経の本を胸の前へ戻し（お経の本をいただく）、お経の本を開く。

③リン（磬《きん》）を打つ（お経の本の印を参照。○○とあれば、二

回打つ)。

④お経を読む。

⑤お経の最後もリンを打つ(短《たん》念仏や回向《えこう》の終わりにも○に合わせて打つ)。

⑥お経の本を閉じ、お経の本をいただく(②と同じ)。

⑦合掌・念仏・礼拝。

お経の本やお念珠は大切なものです。直接畳や床に置かないよう気をつけましょう。また、合掌する前にリンを鳴らす人もいますが、リンはお勤めの時にだけ用います。

Q.6

「ナンマンダブ」と「ナモアミダブツ」は同じなのですか？

ご本尊の阿弥陀如来に向かって、お参りをされている方のお念仏を称《とな》えている言葉を聞いて、このような質問をされたのでありましょう。お念仏は「ナモアミダブツ」と称えても、「ナンマンダブ」と称えても同じ「南無阿弥陀仏《なもあみだぶつ》」を意味します。それは母親のことを「お母さん」と言っても、「ママ」と呼んでも同じ母親を示しているようなものです。

幼い子どもが母親のことを「ママ」と呼べるようになったのは、子どもが言葉を話せるようになる以前から、母親がわが子に「ママだよ。私はここにいるよ」と、たっぷり愛情を注いでよびつづけてきたからにほかなりません。

これと同じように、阿弥陀如来は私たちが気づく以前から、いつも私たちに「南無阿弥陀仏を称《とな》えておくれ。私はここにいるよ」と、大いなる慈悲の心をもって、よびつづけておられます。それは苦しみ悩み傷つけあう私たちを必ず救うという阿弥陀如来のよび声です。この一声一声に、私たちを分けへだてなく包み込む大いなるはたらきがあるのです。

Q.7 仏前にはどのような花をお供えしたらよいのですか？

仏前に花を供えて荘厳《しょうごん》（美しくおごそかに飾ること）することを供華《くげ》といいます。供華は、花瓶《かひん》に行います。花瓶には、季節に応じた生花を立てて供えます。ただし、バラのような刺のある花や毒のある花は使用しません。また造花や鉢植えの花も用いません。供華は、常に水の入れ替えをしたり、枯れないうちに新しい花と差しかえたりすることを忘れないよう心がけましょう。

生花は、季節を感じ、いのちを実感させてくれます。私たちは花を通して、いのちの尊さやはかなさを知らされます。しかし、私たちはいのちに限りがあると知っていても、その通り受け入れることは容易ではありません。そのため阿弥陀如来は、すでに私たちのありようを見抜かれ、南無阿弥陀仏《なもあみだぶつ》となって、すべてのいのちを分けへだてなく慈《いつく》しまれています。供華は、このようなはたらきを私たちに示しています。ですから花の向きは、ご本尊の方ではなく、私たちの方に向け、阿弥陀如来のお心をいただくのです。

Q.8

朝食はパンなのですが、お仏飯《ぶっぱん》はどうしたらよいですか？

お仏飯は、お供物《くもつ》のなかでも特に大切にされています。朝のお勤めの前にお供えをし、正午までにお下げするのが通例です。しかし、最近はどの家庭でも必ずしも朝、ご飯を炊くとは限らなくなりました。むしろ朝食がパンである家庭も多いようです。そのような家庭では、夜であってもご飯を炊いたときに、まずお仏壇にお仏飯をお供えするよう心がけてください。ご飯を炊くことがまったくない家庭では、「お仏パン」としてパンをお供えされてはいかがでしょうか。

お仏飯は、亡くなられた方のためにお供えするわけではありません。ご本尊の阿弥陀如来を敬う気持ちからお供えをします。お下げした後は、いのちを支えてくださっている食に恵まれたことに感謝し、大切にいただきましょう。

なお、朝お供えするようになったのは、お釈迦さまが朝、托鉢《たくはつ》に歩かれたとき、在家の信者がお釈迦さまを敬い、食物を施《ほどこ》されたことに由来するからとも考えられています。お釈迦さまは、施された食物を午前中に必要な分だけいただかれ、残った物は他の動物に分け与えられたといいます。お仏飯を通して、共に生かされ、育てられているよろこびが感じられてくるものです。

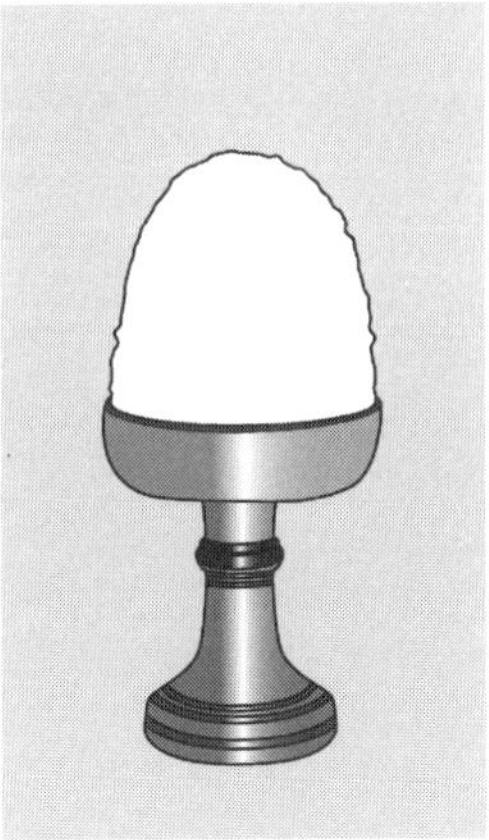

Q.9 門徒式章とは何ですか？　いつ使うのですか？

法要儀式を勤めるときには、僧侶は正装として、衣や袈裟を身にまといますが、これと同じように門信徒の方々は、世帯主だけでなく、また男女を問わず、門徒式章を身につけることをたしなみとしています。日常のお参りやご法事、お寺での法要へお参りをするときに着用することによって、仏さまへの敬いを表します。

そもそも門徒式章とは、本願寺第二十三代・勝如《しょうにょ》上人の伝灯奉告《でんとうほうこく》法要を翌年に控えた昭和七（一九三二）年に、門信徒の正装として制定されたものです。所属寺やその教化団体（仏教婦人会・仏教壮年会など）によっては、そろいの門徒式章を着用するところもあります。門徒式章を入手されたい場合は、所属寺のご住職にご相談ください。なお、帰《き》敬式《きょうしき》を受ける際には、本願寺より門徒式章が授与されます。

門徒式章を着用するときには、紋の向きを確かめて、左右を間違えないよう気をつけてください。また門徒式章は大切な法具です。お経本やお念珠と同様に、畳の上など人が歩く場所に直に置いたりはせず、トイレに行く際ははずしましょう。

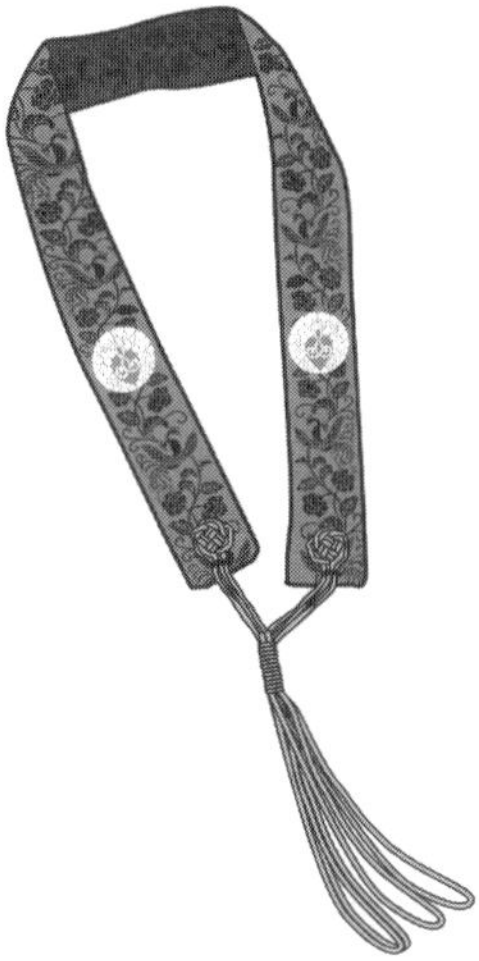

コラム⑤　浄土真宗とは

浄土真宗とは、往生浄土の真実の教えという意味です。

親鸞聖人の主著である『教行信証《きょうぎょうしんしょう》』には、「大無量寿経《だいむりょうじゅきょう》　真実《しんじつ》の教《きょう》　浄土真宗《じょうどしんしゅう》」と述べられています。親鸞聖人は、『大無量寿経』（『仏説無量寿経《ぶっせつむりょうじゅきょう》』）を真実の教えが説かれた経典であるとし、これを「浄土真宗」と顕《あらわ》されました。『大無量寿経』には、阿弥陀如来があらゆる苦悩の人びとを救いたいという願い（本願《ほんがん》）と、その本願が成就されたことが説かれています。この経典に説かれている、さまざまな苦しみや悩み深い人びとの救いとは、そのまま煩悩だらけのこの私の救いを意味しています。

　このように親鸞聖人は、『大無量寿経』を浄土真宗であると顕し、あらゆる苦悩の人びとが救われていく道こそ、阿弥陀如来の本願であると解釈されたのです。

阿弥陀如来の本願は四十八ありますが、その中心は第十八願《だいじゅうはちがん》です。これを親鸞聖人の師である法然聖人《ほうねんしょうにん》は「選択本願《せんじゃくほんがん》」と述べられました。阿弥陀如来は法蔵菩薩として修行されていたときに、あらゆる人びとを救いたいと、「南無阿弥陀仏《なもあみだぶつ》」の称名念仏をお選びになりました。そして法然聖人は、私たちが称名念仏によって浄土に往生することを明らかにされました。これを「選択本願の念仏」といいます。

選択本願の念仏は、親鸞聖人によって継承され、これを阿弥陀如来よりたまわる念仏であり、如来のよび声であるとされています。親鸞聖人は『御消息《ごしょうそく》』（お手紙）に、「選択本願《せんじゃくほんがん》は浄土《じょうど》真宗《しんしゅう》なり」と説かれています。法然聖人の教えを受け継ぎながら、私がいま、いかに救われていくかという問いを通して、その救いのすべてを「選択本願」と示し、これを「浄土真宗」と説かれているのです。

つまり選択本願（阿弥陀如来の本願・第十八願）の救いをよりどころとするのが、浄土真宗なのです。そのため親鸞聖人は「念仏《ねんぶつ》成仏《じょうぶつ》これ真宗《しんしゅう》」と、念仏によって成仏する教えこそ浄土真宗(真宗)であるといわれています。

六　み教えをいただいて

Q.1

なぜ浄土真宗では「正信偈《しょうしんげ》」を大切にするのですか？

「正信偈」（「正信念仏偈《しょうしんねんぶつげ》」）をお勤めすること（仏前で読むこと、勤行《ごんぎょう》）は、お釈迦さまが説かれ、インド・中国・日本の七人の高僧によって受け継がれた「南無阿弥陀仏《なもあみだぶつ》」のお念仏の救いに、いま私たちが出あえたよろこびを表明していることになるからです。

「正信偈」は、親鸞聖人が浄土真宗の教えを明らかにされた『教行信証《きょうぎょうしんしょう》』で述べた偈《うた》のことで、阿弥陀如来に救われるよろこびが示されています。

「正信偈」は「帰命無量寿如来《きみょうむりょうじゅにょらい》　南無不可思議光《なもふかしぎこう》」という言葉から始まります。これは「限りない命の如来に帰依し、思いはかることのできない光によってすべてを救う如来に帰依します」という意味で、阿弥陀如来への信仰（南無阿弥陀仏）を表明したものです。

「南無」とは、サンスクリット語の「ナマス」が転じて「なも」と発音したもので、信心という意味です。中国で「帰命」と訳されました。帰命も南無も同じ意味なのです。また「阿弥陀仏」の阿弥陀とは、「アミターバ」と「アミターユス」という二つの言葉を一つに音訳したものといわれています。アミターバは「思いはかることのできない光をもつもの」（不可思議光・無量光）、アミターユスは「限りない命をもつもの」（無量寿）ということです。つまり、「正信偈」の初めの二句は、「南無阿弥陀仏」をあらわしています。

Q.2 南無阿弥陀仏の「南無」は「ナモ」？「ナム」？

「南無阿弥陀仏」のお念仏を、「ナムアミダブツ」と称える宗派もありますが、浄土真宗本願寺派では、「ナモアミダブツ」と称えるよう統一しています。「ナム」ではなく、「ナモ」と称えるのは、親鸞聖人の読み方をはじめ浄土真宗本願寺派の伝承によっているからです。

親鸞聖人は南無阿弥陀仏を「南无阿彌陀佛」と書かれ、「南无」の読み仮名をほぼ「ナモ」とされています。「ナム」と読んでいることもありますが、わずかしか確認することができません。また「無」の字は、「悉能摧破有無見《しつのうざいはうむけん》」（「正信念仏偈《しょうしんねんぶつげ》」）や「有無《うむ》をはなるとのべたまふ」（『浄土和讃《じょうどわさん》』）など「有無」と表現するときに使われ、読み仮名を「ム」とされています。

親鸞聖人以降、室町時代末期に至るまでの本願寺の歴代宗主《しょうしゅ》の「南无」の読み方も「ナモ」であり、さらに江戸時代の唱読も「ナモ」であったことを明らかにした研究もあります。それは「南无」の「无」を「モ」と読むことは、仏さまを礼拝《らいはい》する、あるいは経典を読誦《どくじゅ》する際の音であり、もともと「無（ム）」とは別音であったと考えられていたからです。つまり、浄土真宗本願寺派に伝承されてきた南無阿弥陀仏の「南無」の読み方は「ナム」ではなく、「ナモ」なのです。

Q.3

浄土真宗では写経をしないのですか?

浄土真宗のお寺でも経典を書写することはあります。経典を書写することで、自身が教えを味わい、また他者へ教えを伝える機縁ともなります。

写経は歴史的には『法華経《ほけきよう》』を書写することが多かったのですが、最近は『般若心経《はんにやしんぎよう》』を書写することが流行しています。これらの経典を写すことによって、追善供養《ついぜんくよう》や功徳《くどく》を積むことができると考える宗派もあります。しかし、浄土真宗では追善供養や功徳のために写経をすることはありません。

浄土真宗の宗祖である親鸞聖人が書写した経典には、経文が丁寧に書き写され、細かい文字でびっしりと註が書き入れられていま す。親鸞聖人がどれほどの労力を費やされたかをうかがい知ること ができます。経文の書写は自らの学びや、門弟に授与するために行 われました。このことは同時に阿弥陀如来の教えを味わい、広く伝 える営みでもあるのです。

なお、本願寺出版社から『書いて味わう正信偈《しょうしんげ》』『書いて味わう 讃仏偈《さんぶつげ》　重誓偈《じゅうせいげ》』などが出版されています。お経の文を一文字一文 字丁寧に書いて味わうことを通して、阿弥陀如来の奥深いお心に触 れることができるのではないかと思います。

Q.4

浄土真宗ではお釈迦さまをご安置《あんち》されないのですか？

浄土真宗は、阿弥陀如来のはたらきのみによって救われる教えですから、ご安置する仏さまも阿弥陀如来一仏《いちぶつ》となります。また本堂の内陣《ないじん》にあるさまざまなお荘厳《しょうごん》は、阿弥陀如来のお浄土を表したものです。

親鸞聖人が著された「正信念仏偈《しょうしんねんぶつげ》」（「正信偈《しょうしんげ》」）には、「如来所以《にょらいしょい》興出世《こうしゅつせ》　唯説弥陀本願海《ゆいせつみだほんがんかい》（如来、世に興出したまふゆゑ（え）は、ただ弥陀の本願海を説かんとなり）」とあります。親鸞聖人は、お釈迦さまをはじめあらゆる仏さまがこの世に現れてくださったのは、すべてのものを平等に救う阿弥陀如来の願い（本願《ほんがん》）をただ説くためであったと述べられています。

お釈迦さまの姿は目に見えないけれども、お念仏やお経を通して、いま私たちはお釈迦さまの説法に出あっているのです。そして阿弥陀如来の本願の救いは、お釈迦さまの説法によって、私たちに伝えられるのです。

Q.5 阿弥陀如来以外の仏さまを、どのように考えていますか？

浄土真宗の礼拝《らいはい》の対象（私たちを救う仏さま）は阿弥陀如来一仏《いちぶつ》です。しかし、阿弥陀如来以外の仏さまを軽んじたり、批判したりすることは決してありません。親鸞聖人がよりどころにされた『仏説無量寿経《ぶっせつむりょうじゅきょう》』に、「仏と仏とあひ念じたまふ（仏仏相念《ぶつぶつそうねん》）」と説かれているように、仏さまと仏さまはお互いに念じ合われる関係にあるからです。

仏教では、数えきれないほどの仏さまを説きます。ありとあらゆるすべての仏さまのことを、「諸仏《しょぶつ》」と表現します。しかも、あらゆる世界（十方世界《じっぽうせかい》）に存在しているので「十方世界の無量の諸仏」

と総称されます。親鸞聖人は、諸仏は阿弥陀如来を讃《たた》え、私たちをさとりに導こうと、いつもお念仏を称《とな》えるよう勧められていると述べています。

また浄土真宗で日常よく読まれるお経のひとつ『仏説阿弥陀経《ぶっせつあみだきょう》』では、諸仏はお念仏が真実であることを説いて、私たちに阿弥陀如来に帰依するよう勧めています。これは疑い深いこの私を救うためです。すべての仏さまはさまざまな導きによって、お念仏のみ教えに出あってほしいと願われているのです。

Q.6 ご本尊の阿弥陀如来が立っているのはどうしてですか？

浄土真宗のご本尊が立っている姿なのは、じっと座ってはいられないからです。阿弥陀如来は、苦しみ悩み傷つけあう私たちを急いで立ち上がって救わずにはおられないと、いつもはたらきつづけてくださいます。そのお心を立っている姿で表しているのです。このような深いおぼしめしは、慈悲のきわまりであります。

阿弥陀如来は、あらゆる世界の数限りない生きとし生けるものすべてを救おうとはたらきつづけています。この生きとし生けるものすべてに対し、阿弥陀如来は「必ず救う、われにまかせよ」と、いつでもどこでもよびかけ、いまここにいる私たちを救い取って決して見捨てることはありません。このはたらきを「摂取不捨《せっしゅふしゃ》」といいます。摂取不捨とは、阿弥陀如来に向かうどころか、背を向けて逃げまわっている私たちこそ救わずにはおれないという如来のお心を表した言葉でもあります。ご本尊は、大いなる慈悲のお心と摂取不捨のはたらきそのものを表しているのです。

Q.7 「南無阿弥陀仏」の「無」と「无」、どちらが正しいですか？

「南無」とは、サンスクリット語のナマス（ナモー）を、漢字を用いて音写したもので、敬意を表す言葉です。親鸞聖人自らが筆を執ってお書きになられた名号本尊の中で、「無」はいずれも「无」という字体が使われています（南无不可思議光佛、南无阿彌陀佛）。

本願寺第八代・蓮如上人は、親鸞聖人の教えを伝えるため、浄土真宗の礼拝《らいはい》の対象を明確化させ、多くの人びとに「南無阿弥陀仏《なもあみだぶつ》」の名号を書いて、授け与えられました。その際、蓮如上人は楷書体でも草書体でも名号を書かれました。その特徴は楷書体では「无」の字体を使われ、草書体では「無」の字体を使用されたことです。

また蓮如上人は、「『南無』の『無』の字を書くときには、親鸞聖人の書き方を守って、『无』の字を用いている」とも語っており、親鸞聖人がお書きになった「无」という字体を重視されていました。しかし、蓮如上人が書かれた名号は「無」の字体の方が圧倒的に多く、これを日常的に使用されていたことがわかります。

このように蓮如上人によって広められた名号のほとんどが「南無阿弥陀仏」であり、蓮如上人以降も「無」の字が主となっていきました。現在の本願寺では、「無」の字も「无」の字もどちらも同じ扱いとされ、どちらか一方が正しいというわけではありません。

Q.8 ロウソクに火を灯すのは、どのような意味があるのですか？

お勤めを始めるには、まずロウソクに火をつけます。これはお寺の内陣《ないじん》やお仏壇の中を明るくするために行うだけのものではありません。灯明《とうみょう》を仏前にお供えするという意味があります。灯明は、すべての闇を打ち破る光明にたとえられます。その光明とは、阿弥陀如来のすべてのものの真実の姿を明らかにする智慧《ちえ》と、光あふれる浄土をあらわしています。

親鸞聖人が著された「正信念仏偈《しょうしんねんぶつげ》」（「正信偈《しょうしんげ》」）には、「煩悩障《ぼんのうしょう》眼雖不見《げんすいふけん》　大悲無倦常《だいひむけんじょう》照我《しょうが》」とあります。私たちは、貪りや怒り、愚かさなどの煩悩によって絶えず心身を苦しめられています。その煩悩が自らの眼《まなこ》をさえぎって、真実の光明を見ることができないと述べられています。しかし、阿弥陀如来の光明は、このような私たちを救わずにはおられないと、常に大いなる慈悲の心をもって照らしてくださっています。

なお、お勤めの後、ロウソクの火を消すときは、息を吹いて消すのではなく、手であおいで消すのが礼儀とされています。

Q.9 聞法《もんぼう》とは何ですか？

聞法（聴聞《ちょうもん》）とは、なぜ阿弥陀如来が私たちを救おうとして願い（本願《ほんがん》）を起こされたのかをたずね、阿弥陀如来が現にいま私たちを救おうとはたらきつづけていることを受け入れていくということです。

親鸞聖人は「聞」そのままが「信心」であると説かれています。ここで注意しなければならないのは「聞」とは、耳からただ仏さまの話を聞くということではないということです。人生のよりどころを明らかにする確かなことばを通して、自らの問題としてみ教えを受けとめていくことです。浄土真宗のみ教えを自らに引き寄せて考えることによって、それがかけがえのないことばとなり、力強く生きていく支えにもなります。

しかし自らの問題といっても、私たちは自分の知識や経験、価値観などに基づいて、み教えを都合よく聞いてしまいがちです。ですから繰り返し、み教えを聞いて、わが身をふり返ることが大切です。そうして「必ず救う、われにまかせよ」とよびかける阿弥陀如来のはたらきを、そのまま受け入れる身に育てられていくのです。

お寺で開催している常例《じょうれい》布教やさまざまな法座《ほうざ》を通して、繰り返し阿弥陀如来のお心に出あっていただければと思います。

Q.10 浄土真宗でいう他力とは、努力を否定しているのですか？

親鸞聖人は、私たちの行為を決して否定しているわけではありません。むしろ親鸞聖人は、阿弥陀如来が「どんなときでもあなたのそばにいるから、精一杯生きなさい」と励まし、支えてくださる「南無阿弥陀仏《なもあみだぶつ》」のよび声を聞き、力一杯いきいきと歩む道を示してくださっています。

目標を立てることや努力すること、生活の行為を「自力」であるから、自分がなすすべての行為をあきらめてしまう教えが浄土真宗であると誤解している方もいるかも知れません。しかし、それは親鸞聖人が説かれた教えではありません。自力とは、自分の身体を頼りにし、自分の知識や価値観をよりどころにし、自分の行ったことをあてにして、仏に成ろうとする生き方をいいます。それに対し他力とは、私たちを仏さまにさせる阿弥陀如来のはたらきをいいます。自力と他力は、成仏という視点から考える必要があります。

また、努力をして成功された方は、そうではない方に対して敗者のように見下してはいないでしょうか。成功は自分の力のみで得られるものではありません。さまざまなご縁があるからこそ努力することができたのです。「たとえ失敗したとしても、いま、できることを一生懸命させていただこう。私を温かく励まし、支えてくださっている阿弥陀如来が私のそばにいてくださるのですから」。これは阿弥陀如来のお心に出あったものの生き方だと思います。

あとがき

Q. 浄土真宗において仏事を行う意義は何ですか?

いま私たちが生きている間だけではなく、遠い過去から果てしなく続く未来までのあらゆるいのちとのつながりを感じるとともに、「生きとし生けるものすべてを救いたい」と願い続けている阿弥陀如来のまなざしやはたらきがあることに気づくことです。この気づきは、自分のみでは知ることができません。阿弥陀如来の願いのはたらき(本願力《ほんがんりき》)によって得られるものです。

親鸞聖人は、「阿弥陀如来が私たちにみな等しく浄土に生まれて仏に成ってほしいと願われ、そのこころを私たちにわかるよう言葉となって、私たちのために現れてくださっている」と語られました。この言葉を「南無阿弥陀仏《なもあみだぶつ》」といいます。

なぜ、「南無阿弥陀仏」のお念仏なのでしょうか。お念仏は、仏から遠く隔たった存在であるこの私にとって、阿弥陀如来と共に人生を歩み、仏に成る道だからです。

このような浄土真宗のみ教えや築地本願寺の情報を伝えるため毎月、築地本願寺から『築地本願寺新報』が発行されています。本書は、『築地本願寺新報』に「教えて！ お坊さん！ 仏事Q＆A」として、平成二十一年四月号から平成二十六年三月号まで連載した原稿を編集したものです。原稿作成にあたっては、築地本願寺の参拝受付である法務教化部にご協力をいただきました。また、各章間のコラムは、『豊島新聞』、伝道資料センターリーフレット「むなしくないいのち　本願力にあひぬれば」、築地本願寺和田堀廟所『廟所だより』、寺報舎『寺報』に掲載した原稿を書き改め、所収しました。浄土真宗本願寺派内にも仏事を取り扱った書籍が刊行されていますが、本書は築地本願寺にお参りをされた方の問いを取り上げた点に特色があるのではないかと思います。

ところで『築地本願寺新報』に連載していたときより、読者から一冊の本にまとめてほしいという声をいただいておりました。また、築地本願寺宗務長の北畠晃融先生の温かいご助言も励みとなり、出版を考えるようになりました。その折りに、国書刊行会の小野貴史さんとお会いし、この度の刊行をお引き受けいただくこととなりました。本書名も名づけてもらいました。イラストは、広島市安楽寺住職の登世岡浩雄さんに描いていただきました。また、『築地本願寺新報』編集委員、築地本願寺で接遇をされている奉仕活動員、総合研究所東京支所のみなさまには貴重なご意見をいただきました。さらに両親や妻には執筆のときから数多くの助言や指摘をしてもらいました。刊行にあたり、ご尽力いただいたみなさまに厚く御礼申しあげます。

参考文献

『浄土真宗聖典―註釈版 第二版』（本願寺出版社）
『浄土真宗本願寺派法式規範』（本願寺出版社）
『浄土真宗 必携 み教えと歩む』（本願寺出版社）
『拝読 浄土真宗のみ教え』（本願寺出版社）
『『浄土真宗本願寺派葬儀規範』解説―浄土真宗の葬送儀礼―』（本願寺出版社）
『図録親鸞聖人余芳』（本願寺出版社）
『図録蓮如上人余芳』（本願寺出版社）
『増補改訂本願寺史 第一巻』（本願寺出版社）
『新修築地別院史』（本願寺築地別院）
『真宗儀礼の今昔』（永田文昌堂）
『浄土真宗本願寺派の荘厳全書』（四季社）
梯實圓『親鸞聖人の教え・問答集』（大法輪閣）
篠島善映「「南无」の読み仮名についての一考察」（『親鸞教学論叢』永田文昌堂）
森田眞円・釈徹宗『浄土真宗はじめの一歩』（本願寺出版社）
末本弘然『新・仏事のイロハ』（本願寺出版社）
『マンガ仏事入門 おしえて法事・葬式・お仏壇』（本願寺出版社）
菅純和『仏事の小箱』（本願寺津村別院）
『浄土真宗 仏事作法 なんでも大事典』（中国新聞社）

著者紹介
前田壽雄　まえだ ひさお
昭和49年北海道生まれ。浄土真宗本願寺派専念寺衆徒。現在、武蔵野大学通信教育部人間科学部人間科学科准教授、浄土真宗本願寺派東京仏教学院研究科講師。著書に『「ただ念仏」の教え―法然聖人から親鸞聖人へ―』（探究社）、『書いて味わう讃仏偈 重誓偈』（本願寺出版社）、『教行信証のことば ― やさしい法話 ― 』（共著、本願寺出版社）など。

仏事《ぶつじ》Q＆A　浄土真宗《じょうどしんしゅう》本願寺派《ほんがんじは》

平成26年11月10日　初版第1刷発行
令和元年6月15日　初版第3刷発行

著　者　前田壽雄
発行者　佐藤今朝夫

発行所　株式会社　国書刊行会
〒174-0056　東京都板橋区志村1-13-15
TEL. 03(5970)7421（代表）　FAX. 03(5970)7427
E-mail: info@kokusho.co.jp

印刷　㈱エーヴィスシステムズ
製本　㈱村上製本所
落丁本・乱丁本はお取替えいたします。

イラスト　DESIGN STUDIO ギンコ
（登世岡浩雄）
編集・装幀　古賀弘幸

ISBN 978-4-336-05870-6